JN440817

오늘의문학시인선 383

당신은 누구신가요

신현자 시집

오늘의문학사

국립중앙도서관 출판시도서목록(CIP)

당신은 누구신가요 : 신현자 시집 / 지은이: 신현자. -- 대전 : 오늘의문학사, 2016
p. ; cm. -- (오늘의문학시인선 ; 383)

ISBN 978-89-5669-784-0 03810 : ₩9000

한국 현대시[韓國現代詩]

811.7-KDC6
895.715-DDC23 CIP2016025640

당신은 누구신가요

■ 머리말

시(詩), 그리고 시론(詩論)

서술형으로…?
굳이, 그렇게 긴 설명이 필요할까요?
돌이켜보면,
한마디의 단어, 붓점 하나만으로도
작가의 마음, 표정, 몸짓을 알 수 있더군요.

장황히 풀어 놓을수록
세련되지 못한 군더더기와 미숙함만 가득할 뿐
함축된 단어, 짧고 간결한 표현,
절로 맺어지는 언어의 리듬,
단어(單語)가 그토록 무한한 뜻을 품고 있음을
세월이 깊을수록
습관처럼 익숙히 압니다.

조사와 어미가 생략되고
문맥의 여백이 적절히 클수록
독자의 무한한 상상, 자유로움,

각자의 안목과 체험,
연륜의 깊이만큼 주어지는 감동,
진정, 제 눈의 안경이니까요.

굳이 풀어쓰지 않아도
정감 있는 글, 표현
더러는 포근하고 부드럽게
때로는 질책, 아픔과 슬픔, 분노, 격정의 시(詩)로
혹은 위로와 감동으로 다가오는 서정의 글로

우주를 공유한 한 세기의 인류애
공감하고, 공명할 아름다운 정서
함께 살아가는 일상의 이야기, 화두,
세상과의 교감, 삶의 노래로
외롭지 않을, 사랑과 소통의 멜로디임으로.

오늘의문학 시인선 383

당신은 누구신가요

1부 장미 향기가 나면

2부 어느날, 문득

3부 가을, 어느 카페에서

4부 당신은 누구신가요

1부

장미 향기가 나면

벚꽃 길에

아, 너였구나
세상이 이토록 아름다울 수 있고
올 한 해 역시 고운 날들만 가득하리라
알리는 봄의 전령이

천지 가득, 황홀하고 달콤한 아름다움
탐스럽고 고운 자태
올 한 해, 영광의 빛 충만할 이 땅
몇 해를 지켜본 행운, 낙(樂)

너는 이미
함께 있는 것들의 기쁨
슬프도록 진한 아름다움,
기약하지 못한 온갖 생명들의 미련

싱그러운 바람,
아름다운 빛, 온통 행복한 봄 춤
너를 닮아 밝고, 맑고, 향기로운
낙화조차 고운, 서글픈 그리움 될
벚과 봄 향에 취하여.

처음 알았습니다

마른 잔디 위에 내리쬐는 봄볕이 그렇게 슬픈 줄을
이제 처음 알았습니다.
진달래 산당화 꽃잎이 그렇게 슬픈 꽃인 줄도
이제야 처음 알았습니다.

맑디맑은 푸른 봄 하늘빛이
그렇게 슬픈 빛인 줄도
첨으로 알았습니다.

먼 산마루 아득한 소나무 숲,
잔가지 사이 헤집고 몰려와
귓가를 스치고 가슴 흔들던 바람소리조차
그렇게 슬픈 소리인 줄을
이제 처음으로 알았습니다.

서러움이 별처럼 내린 양지쪽 언덕에
혼자 있기 쓸쓸하다,
어머님 함께 나란히 누우신 날,
꽃잎 흐르는 봄빛조차도 서러운
이 고운 봄날

살아 숨 쉬는 모든 게 오히려 슬픔인 것도
이제야 비로소 안 것 같습니다.

개나리 꽃

천지에 가득한 녹색 봄기운
가닥가닥 매달린 노란 꽃망울
샛노란 봉우리 만개한 개나리 꽃 넝쿨 숲
숙명인 듯
여리고 고운 꽃들만 시샘하고 흔드는
짓궂은 봄바람
서둘러 노랗게 꽃잎 피우는 개나리꽃

산당화, 진달래가 너보다 더 진하더냐.
그래, 작아도 고우니 많이만 피어라
어느 봄꽃이 너처럼 노랗게 돋보일까.
남보다 노랗게 먼저 활짝 피었으니
네가 더욱 요염하다.
무리지어 한 아름씩 피어나 흐드러진 네 모습
널 보고야 이미 봄인 줄을 알았다.

장미 향기

그리움이 된 장미 향기
보석이 된 꿈
기억의 가지마다 연둣빛 새싹
조각배 구름 되어 하늘에 뜬다.

전설인 듯, 꿈속의 이야기
바람결에 실려 온 아득한 향기
어릴 적 빛나던 꿈

봄날은 가고 세월은 아쉬워도
아직도 꿈꾸는 세상
살아있는 온갖 생명들의 낙원
장미향 가득한 나의 삶, 나의 소망.

장미 향기가 세상에 넘치면
그리움은 노래가 되고
조각배 구름 되어 하늘에 뜬다.

벚꽃 송사(送思)

올 봄의 꽃잎들과 송별하는 날
꽃바람 따라…
꽃비 맞으며,
흰빛으로 물드는 사람들 무리
빗속에 선 흰 봄,
꽃 바람
떠나는 봄의 나래 짓
젖어드는 연분홍 마음

바라본 가지 끝
새잎 품은 여린 가지
프르게 약속한 여름의 눈
읽어낸 꽃잎에 숨은 그날의 푸르름
향기로,
미소로,
기다림으로
내년을 기약하며 섧게 손짓하며 흩어지는 흰 스카프,
쉼 없는 물오름
고단한 세월의 예감

눈물로 내리는 다정한 비, 서러운 꽃잎
푸르게 밟고 돌아오는 봄길.

산길에서

낯선 길,
추수할 것 없는 빈들
허허로운 시간의 그림자를 펼치다.

애틋하게 속삭이는
초저녁 바람
기억 찾아 떠나는 끝없는 능선(稜線)

능선 따라 이어진 세월의 설화(說話)
피어나는 해오름 안개
그리고 빈손,

한 가진들 아픔 없는 이룸 있었을까,
들여다보면
욕망 가득 상처 입은 가슴일 뿐.

새벽 안개비
한낮의 태양을 예지하듯
고단한 울음 지우며 술렁이는 그림자.

숲의 노래

바람결에
미동하는 나뭇잎, 잎사귀들의 속삭임,
산기슭 돌 틈에 숨어 피어난 작은 풀꽃
마른 가지 끝 달린 작은 이슬방울조차
숲의 일원으로
숲의 가족으로
세월, 함께한 이야기
탄생의 소리,
성장의 소리
생존의 하모니, 바람의 소리
상실감, 소외감, 고독함,
따르지 못하는 숲의 질서,
향기로운 흙, 안개, 여린 꿈, 씨앗
깊은 흔들림, 숲의 함성, 산울림
숲의 합창,
햇빛, 싱그러운 바람, 순한 술렁임
들리는가? 숲속 사연
바람 노래, 그 오랜 숲의 전설을.

여름 매미

어쩌면 울 수밖에 없을지 모른다.
쏴 ~ 쓰릅쓰릅 쓰르릅
훼방꾼 없다, 신나는 매미울음
시작은 혼자,
삽시간에 파도타기, 어느새 소리바다,

세상 빛 보기, 두 달도 채 못 되는
살기도 짧은 기막힌 시간
풀 길 없는 갈망, 혼신을 다한 열정
마침내 터지는 울음
매-엠 맴,
맴 맴 맴 맴, 맴 맴맴 맴 맴 맴맴
쏴~ 쓰릅쓰릅, 쓰르릅
시작한 누구 알거나 말거나
제 설음, 제 목소리 토하듯 외치는 소리.

누군들 알까, 그 무너지는 속내
아쉬운 절규
유난히도 극성스런 울음
온통 소리로 넘치는 여름매미.

들꽃 생각

찬 이슬이 안개로 피어올라
강둑에 걸린 무지개

개울 길 따라 피어 하늘거리는 코스모스,
이름 모를 풀잎
색색으로 피어나
온 들판 가득, 향기로 가득
꽃잎엔 한숨 같은 이슬방울 초롱초롱

안개비 내리는 들판
들 길 따라 눈물로 자라
꽃잎 우산을 펴 하늘 가리고 속삭이는 밀어
아쉬움으로 피어낸 가을 꽃

아직 늦지 않은 가을
여름 내 뜨거웠던 풀 숲
크고 작은 들꽃
깊어가는 가을 길손 따라
그리움으로 피어난 우리들 이야기.

들꽃

봄이면 또 이렇게 피어나리라.

누구 하나 인정하고 바라보는 이 없는데, 따듯한 바람, 새싹과 함께 들판 가득한 고운 향기, 형형색색, 탐스럽고 화려하게 무리 진 꽃, 향연의 들판, 그 안, 수줍고 작은 가여운 미소, 눈물로 핀 송이, 질투로 아프게 피운 꽃잎, 누군가의 부드러운 손길, 따스함, 갈망, 꿈으로 피어 가을을 맞고, 마침내 서러운 겨울, 인내, 혹여, 길손의 눈길이라도 닿으면 천지에 온통 가슴 벅찬 환희, 자랑, 순박한 기쁨 가득하리라.

신의 뜻일까, 소리 없는 무대 연주.

저 구름 따라 흘러 머무는 곳에

저 구름 흘러, 흘러
내 마음 따라 흘러 머무는 곳
흰구름 뭉게구름, 산 되고 마을 앞 꽃길 시냇물 되리.
언덕 위 그리움 된 작은 교회, 고즈넉한 종탑
종탑 아래 못 다한 열정의 깃발
흩어지는 종소리, 아픔의 연가
눈물도 슬픔도
어제는 후회, 오늘은 추억인 기억의 바다여
저 구름 흘러, 흘러
내 마음 따라 흘러 머무는 곳
봄이면 용솟음치는 이상의 열정 차라리 상사병 된다시던
하늘 가신 고운 님, 높으신 뜻, 거룩한 외침
이젠 그리움 된 희망의 찬가.
아직 채워야 할 삶의 여백 가꿔야 할 정원
끝없는 희망의 샘
마침내 가야 할 피안의 낙원
영원히 노래할 삶의 찬미
저구름 흘러, 흘러
내 마음 따라 흘러 머무는 곳에
흰구름 뭉게구름, 마을 앞 꽃길, 산 되고 시냇물 되리.

여행 · 1

– 소렌토에서

경외로움, 설레임,
환상,
내 안에 가두기엔 끝없는 세상
숨쉬고, 밟고, 느끼는 신비로움

태초에 말씀이 있었다기에
머리와 가슴으로
모두 다 품을 수 없는 무한함
창조 이래 누구도 알 수 없는 비밀

보고 들리는 게 다가 아닌
둥지의 크고 작음의 무상함
가소롭고, 부끄럽고, 왜소할 뿐

무엇을 찾고
무엇을 얻고
무엇을 믿으며 기다리고 사랑한다는 것인지

웅장하고, 거대하며 단단함으로
푸르고 유연하게, 때론 거칠고 화려하게

끝 모를 하늘 저편,
유사 이래 시작된 소유의 허망함

보이는 것마다
생각 닿는 곳마다
어느 한 뜻이었기에
다만 위로하며 견딜 뿐

오직, 아름다움만을 취하며.

여행 · 2

— 고란사 가는 길

풍류인지
그날의 애절함,
12 발자욱 맴돌며 절규하듯
염원하는 기원의 33 타종

영겁을 돌아
마침내 다다라 얻고픈 소망
가득한 강물, 깊이만큼의 한, 간절함

유한한 삶
무한으로 이끌어 달래고픈
슬프도록 아름다운 정성
고해의 긴 항해

타오르는 향불, 더해지는 탁송
억조창생의 뜻
이미 깨달은 행위의 허무함
귀하고도 끝없는 기도

탄생도, 이별도
우주의 섭리이고 운명었음을
천지에 고하는 북소리,
거룩한 신의 설법.
찬란한 태고의 빛, 전설이 된 역사여!

여행 · 3

— 바티칸 박물관에서

생명은 유한하고
예술은 길다 했던가.
신화였던 유물, 오늘은 진실이었다.
흔적 없는 슬픈 혼령들의 하늘
한 시절의 영화, 화려함

사라짐은
결코 끝이 아니다.
그들이 걷던 이 길, 자취
내 후손 역시 다시 올 길 아니련가.

고운 길, 고운 뜻
추억하며 걷는 그날
기쁨과 즐거움,
미소로 화답하며 다시 올 수 있도록
이 길에 행복한 웃음 남기를,

오늘,
화려했을 그들의 옛 삶을 본다.
전리품이든

창조물이든
용감함과 위대함만을

앞날과 훗날을 가름하며
내 뜻만으로 다 이룰 수 없는,
오히려 겸허해진 마음,
신화된 뜻, 전설된 유물,
슬프고도 화려한 옛 이야기를 듣는다.
우리가 남겨야 할
아름답고 귀한 그 무엇을 생각하며.

여행 · 4

— 순천만 전망대, 해거름 녘

일몰의 투명한 어둠
달빛 커튼 내리며
장엄하게 드리운 안개
이윽고 사라지는 빛, 침묵

눈길 가는 곳마다
현란한 바람의 춤, 쓸쓸함,
알 수 없는 장엄함, 빛, 어둠의 통곡, 화음,
드러난 해저, 수로(水路), 숨은 전설

가파른 등산로 헤치고
가쁜 숨 고르며 오른 전망대
힘든 만큼 안기는 충만한 기쁨, 장관, 절경
절절한 감동, 터지는 탄성,
교차되는 온갖 감성, 자연의 신비
작아진 호기(號氣), 겸손해진 자아(自我)
깨닫는 자연의 오묘함,

술렁이는 갈숲의 군무(群舞),
어둠의 병풍,

변함없이 머물다 간 한 낮, 청춘의 잔영
풍성한 갈대숲, 함성, 황혼의 의자

돌아 가야할 아쉬움
전망대 언저리에 걸린 애잔함, 손짓,
갈숲의 소리, 산 아래 검은 늪
낯선 가을밤, 밤안개 가득한 무지개다리를 건는다.

노래하듯 세월을…

마음과 눈길 가는 대로
손과 입으로 인연 맺고
오래도록 변치 않기를 맹세하며 꾸는 꿈

설음처럼 길고도 길게, 무생물과 유생물, 긴 시간 앞 세워 타박타박 아끼고 아낀 나무, 화초, 애완동물, 골동품, 글씨와 그림, 소리와 춤, 너울너울 시간 타고 흘러온 긴 활옷 날개 펴 몸 함께 실은 세월, 빌딩 숲 불 켜진 그대들 창마다 두둥실 날아 앉을까. 화분 같은 세월 아끼고 키우며 사랑하고 피워낸, 순서 없는 명(命), 120 다 하도록 걸고 싶은 오늘.

나 아닌 또 다른 나
우뚝 서 펄럭일 자랑스런 깃발
고운 님들 가슴 열고 함께 불러도 좋은 세월.

지각(知覺)

누가 먼저 생각 했을까.
틀을 짜고
함정을 만들고
차라리 포기하면 좋았을 승부수.

머릿속을 스치는 수많은 섬광, 혼돈
알 수 없는 의혹, 갈등
격려와 지성의 열띤 진실게임,
흔적의 답습.

펜 끝에 전해오는 암울함
견뎌내야 할 수많은 시간
대단원을 향한 숨 막히는 질주
고통스런 투혼.

마침내
희열 속의 냉정,
해결의 혼, 지각(知覺).

연주회 끝난 후

스스로 위로를 받는다.

한바탕 진하게 펼쳐진 무대
혼신을 다해 펼친 연출,
열정의 투명한 늪,
바람이 돼버린 시간, 에너지

타버린 추억의 잔해,
공감과 가슴앓이의 불씨 사르며
누군가의 마음속 상처가 된 후유증
무심한 한숨,

이유와 색깔이야 어떠하든
귀 기울여 수런대며 반짝이던 눈
어둠 속의 빈 객석
흩어진 화음
허전함에 싸한 코끝,

축제는 끝나고
연주도 멈춘 무대 위의 적막,

가슴에 흐르는 안타까운 선율.
늘 아쉬운 후회, 공허함
별빛조차 푸르던 그날의 하늘정원.

침묵

심연의 소리,
너무도 절박한 절규
바위만큼이나 두껍고 깊은 어둠
고요함,
길고도 먼, 끝 모를 시간,
다가오는 벅찬 감동의 무게,

숨죽이고 아프게 바라보는 서로의 눈길
가슴 절절한 시어(詩語)
날개 편 언어들의 유희,
오히려
부끄럽고 어설픈 시구(詩句)
감추인 붉은 마음,

귓전에 스치는 검고 흰 소리의 난무
혼돈,
마침내 안개 속으로 숨어드는 푸른 언어
세상은 본래
무언의 바다였음으로.

하늘, 지금도 거기엔

긴 장대 들면 닿을까.
둥실 뜬 구름
찰나의 느낌도 없이
어느새 푸르게 날아간 하늘
달콤한 바람,
보드라운 구름.
사랑인가 한 아름 품어본 빛.

무지개 뜬 하늘
아련한 유년의 꿈
계수나무, 선녀님, 하얀 쪽배
하늘은 늘 거기에 머물고
세월은 구름 따라 은하수 바다로 흐른다.

생명 있는 어느 것 하나
의미 없는 삶과 죽음 없다는 진리쯤
이미 알아버린 사공
설렘도 없는,
무엇으로 저 하늘 노 저을까.

그렇게 살 수 있을까

하염없이 내리는 눈
흰 눈꽃 맞으며 상념의 길을 떠납니다.

온천지엔 얼름꽃, 겨울안개 가득한 그곳, 오가는 낯선 사람들, 위험한 빙판길 조심하라, 손짓하며 일러주는 너무도 당연한 정, 이해관계 없는 평범하고 낯선 사람들. 저를 밟지 않으면, 내가 설 수 없는 얼음 위, 날이 선 저울로 찰나의 유익을 쫓아야 하는 암담한 순간, 세상 일 모두 잊고자 오르는 겨울 산행 같은 그런, 그렇게 못난 가슴들만 모여, 한세상 사랑하고 얽혀 사는 모습, 우습게도 상상하며 열어 봅니다. 아마도 성경 속 사랑이야기 외엔 그렇게 편안하고 부담 없는 멋진 삶, 없을 것 같아요. 사랑으로만 살 수 없는 복잡한 세상.

그림처럼 정스럽고 따듯한 마음 펴는,
그런 세상이 그립습니다.

2부

어느날, 문득

갈색 반점

어느새 드문드문
나이만큼 거친 마디,
갈색반점 돋은 손등
어쩜 그렇게도 어머니와 닮았는지.

아버님 곁에 눕혀 드린 지
오늘이 꼭 두 달째 되는 날,
두 분 회포는 어찌 푸셨을까?

남기신 육남매
누구 하나 닮지 않은 사람 없는 우리
한결같은 닮은 꼴
그리운 두 분 모습.

거슬리는 갈색반점
지울까 생각다가
오히려 훈장인 듯 귀히 보며
당신 손인 양 소중하게 아낍니다.

아버지의 집

아버지 안 계신 집은 집이 아니에요.
몇 달 만에 다녀온 집,
'어서 와라' 반기시며
'얼마나 힘들더냐?'
상처 난 속맘 말없이 받아주시던 아버지
다정하신 그 목소리, 모습 어디로 가셨나.
시선 둘 곳 없는 서먹하고 낯선 집,
여섯 손 품어 숨 쉴 틈조차 없다, 지치신 모정일랑
짐이나 되지 말자고,
차마 쉽게 등 돌려 돌아오던,
아련한 그 시절, 슬픈 성장통
잊혀진 설움, 눈물,
쓰린 옛 아픔 누가 알까.
이젠 그 어머니조차 자리 보존하고 계시네요.
돈 쓰는 힘의 크기만큼 목청 큰 어른 되는
무너진 서열, 메마른 정,
모성 탓만은 아닌
어쩔 수 없는 힘의 편애가 너무나 당연해진 버거운 집
더디 찾는 이유됨을 아시는지

염치없는 기대죠,
이제와 뭘 바라나
사는 게 겨워 아닌 듯 숨겨 들리면
벌써 알아차리고
'아프지 않는 성장' 없다며 다독이시던 따스함
이제라도 전화하면 금방 받아 받아주실 것 같은
목 메이게 절절한
그리운 그 목소리.
아직도 쉬고 싶고 쉬어야 하는
늘 부족하고 어설픈 삶,
당신의 따스함과 위로가 그립습니다 .
아버지!
당신이 안 계신 집은 집이 아니에요.

어버이날에

주고 또 주고,
불살라 모두 다 비워주고 나면
무엇이 남는가?
최선을 다한 아름다움
끝 모를 삶의 항구 향해
빈 손 쥐고 살아낸 운명 같은 세월
주어 버리란, 사치스런 말 누가 했을까.
늘 채워주지 못한 안타까움
막막하던 현실, 갈증 같은 가난
쓰리고 서러웠던 날들
아프게 내려앉던 두 부모님 머리 위 흰 그림자
지금도 등대된 그 눈물,
돌이킬 수 없는 지난 날
철없던 날의 힘든 기억들,
어느새 쇠잔해지신 어머니
못 다한 시간,
저 만큼 내릴 곳 보이는 고단한 닻
죄스런 기억들
가슴 울리는 서글픈 모정,
오늘도 아픈 몸 한숨짓고 계실 어머님.

어쩌면 당신은

어쩌면 당신은 밤이슬인지 모릅니다.
어둠 속에 소리 없이 내리는 찬비
세상의 온갖 소음 잠재우는 하늘을 닮았네요.

어쩌면 당신은 아침 햇살인지 모르겠어요.
훤하게 밝아오는 새벽 창,
창틈에 새어드는 눈부신 햇살로 나를 깨우네요.

어쩌면 당신은 한낮의 바람일지도 모릅니다.
도로 옆 가로수, 가는 줄기 흔들어
싱그러움으로 오가는 마음 설레게 하네요.

어쩌면 당신은 내게 찾아온 천사일지 모릅니다.
한결같은 열정으로 살게 하며
내 힘으론 불가능한 일들을 감사로 이루게 하는,
당신은 분명 천사이십니다.

바람에 실려

꽃잎에 실어 띄운 바람, 봄,
행복 저편의 아이, 꿈
심연에 흐르는 일상의 강물
막연한 그리움, 슬픔, 추억 속 이야기
개여울, 논뚝, 신작로,
무지개빛 안개, 아득한 길,
시간 속엔, 아직도 걷고 계신 아버지

오랜 자전거 바퀴
무릎 저으며 오르시던 힘든 고갯길,

초콜릿 빛 제비 돌 물 위로 던지며 건넌 강둑
소리쟁이, 쑥, 망촛대, 토끼풀, 이름모를 들꽃,
물 길 따라 걸으며 읊조리던
막연한 시상(詩想), 사랑스런 시어(詩語)

컴컴한 소나무 숲, 흐르는 맑은 물, 산새 소리
멀리 보이던 희미한 버스길,
교회언덕, 백마산,
그리고 아버지….

떠나는 이에게

그렇게 가신다니요
얼굴이 안 보인 지가 벌써 며칠,
짐짓 그러리라 생각했습니다.
이유야 어떻든
그럴 만한 이유 있겠지만
인사도 없이 떠날 만큼 절박함은 무엇일까요?
계시는 동안 불편했거나
서운한 일 있었다면 정말 미안합니다.

잘 한다고 했는데도
실은 헤아림이 모자라
떠나실 계기가 되었나 봅니다.
부디 이곳의 부족함일랑 다 잊고
좋았던 일들만 오래오래 기억 하시기를.
기회가 된다면
언제든 다시 찾아
주저 말고 돌아오시기를.

나의 봄을

아, 순수함
연록의 싱그러운 숲, 맑은 하늘
고운 것을 곱게
밝은 것을 밝게
슬픈 것을 그냥 슬프게 바라보는 것.

서운하고 아린
어둡고 아픈 기억들
하나로 정화된 숱한 잔영,
그냥 순수한 편함으로

꽃잎에서 눈물을,
향기 속에서 슬픔을
형형색색 아름다운 빛조차
안타까움이 교차되는

본심은
잔잔히 샘솟는 맑은 샘
온갖 물고기 가득한 강
산새와 산짐승, 풀 속 생물 가득한 숲

밝고, 맑고, 시원한 자연,
신록의 바람,

구름 낀 하늘
햇살 가득한 하늘
보이는 그대로
순수한 빛
편안하고 아름다운 나의 봄을.

내 마음 가는 대로

자유가 내 마음을 지나갈 땐
생각도 뜻도 흔들려요.

때로는 희게
더러는 붉고 푸르게
옳건 그르건
잠깐씩 물들이며 스치는 생각.

모든 상황에서 자유롭고 싶은,
상상은 자유라고 누가 그랬던지.

천년을 넘어 산다는 너도밤나무처럼
뿌리 뻗어 생생히 이어지는 자유
기막힌 생존의 탈출구.

자유가 내 마음을 지나갈 땐
의지도 희망도 흔들리죠.

나 떠난 그 길

– 원동로 굴다리를 생각하며

나 떠난 후, 그 길, 걷는 누구 또 있지 않을까
오가는 하 많은 사람
숱한 사연 실어 옮기며 수놓은 발자국들,
그 길 어딘가에는
나 지나간 흔적, 내 아픈 발자국도 남아있겠지.

언제나 외로운 사람들
오늘은 손잡고,
내일은 비록 등 돌려도
외로운 이들 함께
가슴 열고 웃으며 외로운 맘 기대 걷던 따듯한 기억들,
그 기억 어느 한 모퉁이
내 고운 사연 또한 남아있겠지.

나 떠난 후, 기억해 줄 누군가 있어
이 길 다시 걷는 다면
제 사연 부대껴 오래전일 까맣게 잊었다 해도
부디 나 쓸쓸하지 않게
조금은 외롭고 그립다 말해주기를.

귀로(歸路)

돌아오는 편안함
낯선 시선 신경 쓸 일 없는
매듭 풀고 훌훌 벗는 자유함.

챙겨야 내 것 되는
거친 경쟁의 파도 헤치고
마침내 돌오는 길, 황홀한 시간.

얼마쯤의 기쁨과
평안과
위로와 안식
그리고 휴식 같은 자존의 산책.

가릴 것 없는 세월
빈 가슴 가득 채워줄 시어(詩語)
사랑으로만 걷는 산책길
동반하는 편안함,
또 다른 내게로의 귀로(歸路)

길 · 1

그 옛날 누군가 갔었고
오늘 내가 가는 이 길

희망, 더러는 슬픈 약속,
피할 수 없는 운명
끝없이 지워지고 새로 새겨지는 발자국들

종착지가 어디든
누구와 함께 가든
갈 수 있고 가야만 하는 미로,
걸음마다 뿌려지는 숱한 사연들
그래서 역사는 쓰여진다던가.

온통 향기로 가득한 고운 꽃 길
싱그러운 파란 잔디,
이왕지사 가는 길
좀 느리면 어떤가.
돌 뿌리 하나 없는 평지로 가자.

길 · 2

뜨고 지는 해, 빛 함께 흐른 세월
기다림의 긴 그림자
안부 실어 쉼 없이 달리는
시간의 여울,
변화하는 것들의 지나는 정거장.

골짜기마다 스쳐 지나는 바람소리, 흐느끼는 수많은 발자국, 정성으로 걸어갔을, 누군가의 소망과 간절한 기도, 아픈 흔적, 눈물, 길섶의 작은 돌, 밟히는 고운 모래알 알알이 배인 숱한 사연들, 보이는 어느 것 하나 무심히 세월만 지났을까. 저마다 길 위에 펼치는 영화 속 주연, 한숨 같은 안갯 길, 그날의 속절없는 후회, 안타까움, 시간의 언덕에서 열어본 제목 없는 대본, 추억 속 재회.

갖고 싶지 않은 부귀 어디 있을까.
빈 가슴 채울 신기루 찾아 떠나는
설레임, 신비로움
지금, 내민 빈 손 마저 잡아 줄 이 있다면
함께 걸어 더 좋을 아득한 길.

사랑이었더라면

늘 영광의 시간으로만
품 안 가득 꽃다발 안고
향기로 채우고 싶었던 자리

타협할 수 없는 승부의 순간
불꽃같은 다툼, 역겨움, 허탈감

못 다한 이야기, 어이없음
차라리 미움으로 엉그는 유리알

낮은 곳에 핀 꽃 꺾으며
함께 살아내야 할 세상이기에

각자의 텃밭에 뿌린 무지개꿈
저 잘난 맛으로 일궈 위로받는 날들

아름다운 소리, 빈 마음, 시인의 몫
그것이 사랑이었더라면….

병상 옆에서

어딘가 아프다면
그것은 좀 쉬라는 신의 뜻이라지요.

늘 앞만 보고 부단히 걷기만 하니
잠시 쉬어가며
옆 사람도 살피고, 뒤도 돌아보는
가슴도 살찌울 시간이 필요한 모양입니다.

쉼 없는 일상의 바퀴 힘겹게 멈춘
아픈 오늘에야 비로소,
팔 일 밤낮 떠나지 못한 병상 옆
돌아보고 정리하며
계획하고 또 따집니다.

수고롭고 고마웠던 지난 시간들
사는 게 뜻 같지 못해 솔밭의 바람만 같던
한 가진들 순하게 이룬 것 있었는지
지친 몸 누인 애틋한 병상,

신의 뜻인 양,
손등 위 링거, 수액의 흐름, 희망 선(線)
그 조차 좀 쉬어 가라는 처방이라니
병상 가득 평안의 그림자
저무는 계절, 감성만큼 가을도 깊습니다.

약속

하기로 한 일
안절부절 불안하지만
천성인 양 하기로 한 일
어쨌든 말한 것에 대한 책임 있는
최선의 표현,

가시에 찔리고
꽃잎보다 진한 땀 흘리며
견뎌야 하는 그 일을 위해
온 밤을 하얗게 지새운다.

가슴엔 인내하는 고통의 탄식 울리고
맘 졸여 애태우며
멍들어 쿡쿡 저며 오는 생각
신의(信義) 그것에 목숨을 건
나는 그런 사람이다.

어떻게 할까

하늘 가득 낮은 구름
한숨 같은 시간의 숲
언제나 푸른빛, 화려한 꿈

오늘, 반가운 눈빛, 함께한 들
결국은 자책과 서운함,
어색한 웃음, 초라한 몸짓, 미련뿐인

빛바랜 기억 어디쯤
현명치 못함, 아쉬움으로
맘 둘 곳 없던 황량한 순간들

도도한 자존의 흔들림
갈등, 고뇌,
그날, 내가 설 곳은 어디였는지

차마 눈물 보일까.
어떻게 할까, 그 아득한 푸르름을.

어느 날, 문득

끝없는 항해
젊음의 항구를 떠난 지 이미 오랜

실망할 줄 알면서도
늘 나락에 기대선 어리석은 바램
문득 돌아 본 낯선 모습
어색한 화려함

바람 따라 흩어지는
넋두리,
파도에 밀리는 목소리
온갖 아린 삶의 흔적들,

한바탕 꾼 꿈속의 폭풍,
어둡고 초라한 슬픈 기억들
어느새 아득한 옛 이야기.

세월은
온 만큼 갈 길도 멀다며

소리 없이 머리 위로 내려앉는
흰 그림자.

수줍음

누군가의 뒤에 숨어
들키지 않으려 애씁니다.
뭐라는 이 하나 없건만
누가 볼까봐 가만히 있습니다.

그리 못나지도
그렇게 볼 품 없지도 않은데
드러내 활짝 웃어본 적도
각별한 관심을 받아본 적도 없지요.

작지만 속으로 강한
칭찬받고 자랑할 것 없어도
숨은 재주 많아
할 수 있는 일 많고, 늘 최선을 다하는데

지적하고 묵살해 주눅 들고
칭찬은커녕, 조용히 있으란
무언의 강요로
습관처럼 세월만 깊네요.

어쩌다 여린 한마디 해보려다
받아주는 이 없을까
황망히 접고 수줍어 조용히 숨습니다.

조롱과 책임질 일 두려운
못난 마음 들킬까 부끄럽고
차라리 조용함이 상처받지 않음을
너무도 잘 알고 있음입니다.

화려한 외출

이미 출가한,
제 부모보다도 더 높게 우뚝 서 버린 남매,
세월은 충만한 보상, 살가운 위로
보석이 된 나의 아이들….

기쁨 가득한 시간
아름다운 날 꿈꾸던 순간들
어쩜, 그리도 자연스럽고 빠르게 다가왔는지,

행복한 모성의
빛나는 시간
묘한 나들이

보랏빛 향기 자욱한 행복의 꽃길을 걸으며
마음속 샘솟는 찬가, 나의 노래
오래도록 추억하며 기억될
아름다운 순간들,

언제쯤이면
나의 동화 속 어린 왕자들 품이 어색하지 않을까?

영화 속의 주인공인 양,
남겨진 사진보며
조금은 낯설고 멋진 화려한 외출

외로움

혼자 있다는 것
그 발원은 대체 어디로부터인지

손 내밀어 마주할 이 없고
말 건넬 사람 하나 없는
눈길 둘 곳조차 없는 황량함.

까닭모를 눈물,
고독한 어깨
꼿꼿이 세운 등,
푸르고도 진한 기억, 서러움

지금, 누군가 곁에 있어
내 빈 맘 포근히 받아 준다면

고독과 적막으로 앓던 열병마저
치유된 기쁨으로
그 아픔 다 잊었다 했으리.

이젠 모두 다 잊으리

기억 저편의 그림자
지나온 흔적
남이 알까 가슴 앓던 못난 사연들
생각수록 공연한 슬픔
이젠 모두 다 잊고 살리.

누가 알까
자책과 후회로 한숨짓던 숱한 밤
이미 세월에 묻혀버렸을
온갖 아픈 기억들
실낱같은 아픔, 아주 작은 부끄러움조차
모두 걷어 훌훌 털고 잊고 살리.

아쉬워 눈물짓던 무채색 기억들
선율, 추억의 소리
망각의 시간
비로소 시작되는 영광의 오케스트라
축제의 왈츠, 어울림, 달빛
오직 그렇게만 잊고 살리.

학부형 된 딸에게

기대, 설레임
아장거리던 구두, 어느 새 바뀐 두툼한 운동화
어깨보다 큰 책가방
저 가방을 제대로 이길 수나 있을까?

걱정만큼 긴 신발주머니 흔들며 나섰을 아파트 현관, 버거운 책가방, 안스러운 모습.

너 입학하던 그날의 기억도 생생하다. 예쁘고 귀엽고 당차던 그 모습, 오늘 네 아들에 비할까. 무엇이든 질 수 있을 만큼만 담게 하고, 걸을 수 있을 만큼만 걷게 해라. 돌이켜 보니 그렇게 애 쓰지 않아도 클 사람은 크게 돼있더라.

아마도 평생 지고 갈
그 녀석의 인생 짐 시작일진대
첫 출발 길 그저 대견히만 믿어 주자, 딸아.
오랜만에 열어본 앨범
어설픈 그 시절이 오히려 행복한 그리움이다.

신생아(新生兒)

어디로부터 왔을까.
저 작은 사랑스러움은
살랑이는 바람 가녀린 숨결 안타까운 젖내음
신비로움은 햇살 되어 빛나니

어디로부터 왔는지.
저 작은 부드러움은
앙증맞은 고사리 손 한숨 같은 작은 가슴
꿈결 같은 배냇짓.

어디로부터 왔을까.
저 작고 귀여운 슬프도록 아름다운 몸짓은
무지개 빛 다리건 너 선녀들의 고향
동화나라 왕자님.

어디로부터 왔을까.
저작은 희망의 불꽃 미지의 탐험가
실낙원의 아담이여…,
신천지 주연의 개막인 것임을.

처음 떠나보낸 그날

그렇게 따습고 아린, 젖은 기억
차마 안타까워 못놓을 손,
떠나보내고 돌아서 혼자 눈물 바람이었을.

가슴 가득 매운 한숨
참아내야 할 산고(産苦), 성장통, 아쉬움
서운하고 애틋한 기억

아프게 보내지만
활짝 피어야 비로소
벌 나비 찾는, 향기롭고 밝은 정원
아름답고 멋진 세상 산다기에

오래 잡고픈 맘 쉽게 접어 보낸
일상의 바다, 우뚝 선 등대,
소담하고 탐스러운 붉은 꽃으로 피어나길,

아름답고 빛난 세상
멋지고 힘찬 함성, 보람의 깃발

멀리, 고운 눈물로 남은 그날
만선(滿船)으로 이룰 대견한 이별.

3부

가을, 어느 카페에서

보름 달

오곡밥 아홉 나물,
한해의 풍작을 가늠하는 보름날
참기름 마늘냄새 짙 연기로 취한 하늘
밝고 크고 둥글게 높이 뜰수록 풍년이라는데

초저녁 달마중 나가본 도회 네거리
자정 넘게 기다린 보름 달
아파트 높은 빌딩 숲, 찬 그림자

집집이 좋은 운세 받아 평탄하고
국운도 성해져라!
올해도 변함없는 소원성취 비는 맘,
그래서 더욱 커진 달그림자.

별 초롱한 새벽에나 떠오를까.
올해도 평탄하고 대풍되라 빌고 싶다.
전할 말 많아 더 기다리는데
구름 속엔가 꼭꼭 숨어 보이질 않네.

시간 산책, 아침을 열며

시간은 소리 없이 강이 돼 흐른다.
어둠 속, 숱한 상념의 동굴
긴 밤의 터널 뚫고
힘차게 떠오른 해, 맞이하는 낯선 아침

밤새, 무슨 꿈을 꾸었는가.
희망으로 표출된 꿈, 오랜 환상의 경험
곱든 밉든, 늘 간직한 소망이었다.

다시 또 깨어났음에
생기 있는 모습, 생각, 눈빛 밝히고
시간의 산책길, 멋지게 수놓아 색칠해야지.

펼쳐진 하루의 길목,
조금은 춥고 외로운 아침

밤새 내린 그윽한 새벽안개
앞세운 열정의 꽃잎, 설레임
이른 아침, 시간 산책

오늘, 이 길에 누굴 만나
어떤 소식 듣고, 무슨 말을 하든

희열과 기쁨의 소득 충만한,
이왕이면 힘찬 출발,
밝고 귀한 하루이기를….

봄비 · 1

때 되어 돌아오는
초록의 사제, 반가운 소식, 비
천지에 펼쳐질 푸른 잎, 충만한 녹색 물결

마른 가지 끝
차분히 내리는 연록의 비,
떠오르는 어린 날 걷던 길

소리 없는 물음에
흰 우산 펼쳐들고 총총히 걷는 마중 길

봄비 함께 떠오르는 모습
서글픈 잔영(盞影),
비 소리도 옛 말 하는 듯
빗속에 뜬다.

봄비 · 2

술렁이는 숲, 젖은 바람
들판 자욱이 내리는 봄비
잔설 덮힌 먼 산자락, 마른 풀, 마른가지,
온통 털어내 푸른 옷 입히리라.

우월과 질투로 멍든 가슴조차
달래어 잠재울
따스한 바람, 초록의 물결
벌 나비, 온갖 풀벌레 소란스런 숲

슬프도록 고운 봄날의 빛, 따듯한 기억
달콤한 유혹의 가락,
그리움, 오랜 기다림
봄의 환영

연록의 물 올려 다시 피우는 열정,
이미 가슴 가득 풍요로움,
싱그럽고 풋풋한 새순의 향기, 환상,
붉고 푸르게 흐르는 비, 봄비….

상사춘(想思春)

알 수 없는 설렘, 혼돈,
봄은 또 그렇게 아픔처럼 찾아오고
멀리 흰 눈 덮힌 산, 아득한 겨울 그림자
실개천 살얼음 밑 작은 물고기
연록의 밀어, 아지랑이, 버들강아지….

햇볕 따사로운 양지언덕
나리, 할미, 제비꽃 무리로 가득할
길고 오랜 꿈을 꾸고 계신
어른의 촘촘한 잔디 이불에도 봄빛은 보드라울까.

제 몫이 작고 모자르다.
떼쓰고 투정하던 겨울아이마저
시절 따라 제풀에 지쳐 숨어버린 이른 봄

제 못난 탓인 줄 알면서도
찬 설움 가득안고 살아온 날,
그것마저 한때, 한 시절
세월 가면 안타깝고 그리울 추억인 것을.

어느 낯선 봄의 동행

바위 틈 구석구석,
다투며 뽐내는 연록의 고운 색, 봄 빛,
온 천지가득 흐드러진 꽃,
붉게 물든 산자락,
봄 향 따라 날리는 꽃잎, 무리지어 걷는 인파,
처음 본 기쁨
반갑고 즐거운 시야
형형색색 오가는 모습만큼 다양한 생각
굳이 하나가 아님 어떤가.
어차피 유한한 생명
살아있는 동안 우열은 의미 없다.
눈빛만 마주쳐도 미소 짓고 마음 여는 우리네,
좋은 만남,
좋은 분위기
멋지고 아름다운 인연
정성과 우정의 꽃, 최선의 선택, 무관심
위대한 발자취 아님 어떠랴.

꽃비 내리는 밤에

꽃비 맞으러 거리로 나갑니다.
바람결에 추억의 향기도 실려오네요.
오랜 가뭄은 장마도 꽃비가 됩니다.
문득문득 보이는 파란하늘이
어린아이 웃음처럼 해맑군요.

꽃비가 내리네요.
참으로 귀해 우산 없이도 즐겁습니다.
냇가엔 온통 흙탕물 가득하더니만
제법 골 깊고 푸른 물줄기가 충만해집니다.
아득한 날, 안개 자욱한 강둑에도
비 맞으며 걸어가는 또래 아이가 보입니다.

꽃비가 내리네요.
꽃비 맞으러 거리로 나갑니다.
차도, 사람도, 빗줄기에 숨어 소리도 없네요.
우산 들고 마중오신 어른, 공연한 설움,
반가움에 울컥합니다.
그분의 기대 빗소리만큼 줄기찼었지요.
헤아릴 수 없는 안개 속에서….

꽃비 맞으며 거리로 나갑니다.
기세등등하게 빛나던 상장, 트로피, 메달,
모두가 꽃잎 되어 하늘에 두둥실…
마침내 꽃비 되어
온 거리에 흩어집니다.
자랑스럽던 상장, 칭찬, 박수, 기대…
모두가 꽃잎이지요.

꽃비가 내리네요.
꽃비를 맞으며 강둑을 걷습니다.
마중 올 분도 우산도 없는 나그네로
추억의 향기 서글픔으로 취하며
너무도 귀해, 그냥 맞아도 즐겁습니다.
꽃비 내리는 밤
깊고 충만하게 흐르는 강물 따라
꽃잎이 흘러갑니다 .
꽃비 맞으며
작은아이가 안개 덮힌 강둑에 서 있습니다.

5월에 내리는 비

조금은 소란스러운, 싱그럽고 풋풋한 5월
꽃 향기 가득실린 단비, 바람, 푸르름, 희망

가지끝 세월의 약속, 오랜 흔적, 갈증
마침내 무성한 푸른잎 피워낼 초하(初夏)의 비,

온갖 생명들의 환희, 함성
5월의 빗속, 절절한 생명의 소리

성공한 친구들의 대견한 소식, 서글픔
후회스런 추억, 초라한 자화상

좀 늦게 잎을 열면 어떻고
좀 더딘 개화면 어떤가.

담장 가득 피어올 장미, 신록의 계절
내리는 빗소리조차 싱그러운 산천

여름은 길고
겨울은 아직도 까마득한 설화일 뿐

날로 깊어진 희망, 약속, 지켜 내야 할 영원한 자존심,
5월의 빗소리 들으며.

밤소나기

종일토록 숨 막히던 낮 더위,
한껏 달아오른 지열을
단번에 씻어내는, 한밤의 축제,
밤 소나기
새벽이 다 되도록 쏟아 붓는 통쾌한 빗줄기, 함성
겁 없는 열정,
서로의 찬 손 부여잡고 아래로, 아래로
대지를 향한 번지점프, 빗방울 군무

기껏 삼일천하가 고작일
만용의 기운
가속 붙어 쏟아지는 미움의 포성,
천지 가득 흡족한 소리,
대책 없는 만족,
보이는 곳곳이 아군 세상

이제껏 빈한 세월 아니었던가.
허망한 웃음
못 갖춘 세월에의 회한과 자책

행여, 다시 돌아가 굶을까,
실소하며 무릎 치는 깨달음.

떠오르는 축축한 기억
어찌하나, 간절한 이 슬픈 소망들은
광란의 빗줄기
빗소리에 목청껏 토해본 분노, 쾌감
모두 다 버리고 잊을 수 있다면,
이미 새벽인 줄도 모르는 어둠
줄기차게 내리는 비,
아픈 가슴 쏟아내는 밤 소나기.

아름다운 아침

빛으로 깨운 아침
갈등 벗은 맑은 얼굴, 거울 앞
고운 뜻 가득한 선한 눈
천사의 향기, 손길, 옷자락…

밤새
상처입고 번뇌 가득한 얼굴
안개 자욱한 산길, 길 잃은 나그네
끝없는 상념의길, 방황

저마다 애닯은 사연
흔적 없이 불사른 새벽
훈훈한 맘,
성에 낀 창 애써 닦으며

빛나는 수레
화려한 꽃길, 푸른 언덕, 흰 구름,
상상의 나래, 천사들의 합창,
날마다 오늘 같기를….

6월의 노래

아득한 기억 속 교정
창가엔 연록의 바람,
갈피마다 낙엽 끼운 시집,
한숨 가득한 일기장
젖은 엽서
계단 위엔 흔들리는 삶 이야기
서성이든 주눅든 교복
서러운 유혹
아직도 꽃씨 되어 숨쉬는
옛이야기

어느새 가을이

어느새 활짝 핀 코스모스
무리져 하늘거리는 꽃길
고운 빛 꽃잎
낮게 흐르는 뭉게구름,

새벽녘 풀벌레의 짙은 울음
밤새 사납게 휩쓴 빗줄기, 심술맞은 바람
소리 없는 가을, 메시지…
가을이예요.

빗물에 씻긴 맑은 숲
아직도 펄럭이는 힘든 잎새,
그래도 싱그러운 푸르름 남아
헛되지 않는 지난여름 기억,

순리로 찾아온 계절
감사와 기쁨, 충만할 들녘,
아프도록 화려한 풍경
신비한 설레임, 오랜 인내
달리는 차 창밖 숲에도 지금, 가을이예요.

아, 가을이네요

새벽녘,
유리창 흔들며 선잠 깨우는 바람
햇살에 밀려 창틈으로 숨어든
시린 기온.
찬이슬, 고단한 소식
어느새 고운 이불 포근한 그리움….

햇살은 아직도 씨앗 위에 머물며
술렁이는 황금들녘
들판 가득 화려했던 여름이야기
쉼 없이 내닫는 바람
푸른 잎, 가지 뒤에 숨은
긴 약속, 밀어, 기약 없는 해후
시간의 껍질
그 안 가득한 축제의 기억들이여 !

추억 물든 쓸쓸한 얼굴
붉게 웃으며, 흔드는 노란손수건
코스모스 고운 숲, 그 아름다운 향기
아, 가을이네요.

가을 편지

서늘한 바람, 꿈속에서
가을인 줄 진즉 알았네요.

먼 산자락
찬이슬 젖은 푸른 비단자락.
곱게 갈아입은 붉은 치마
갈바람에 펼쳐놓은 금빛이불, 수려한 병풍….
벼랑 끝의 흰 꽃무리, 그 한숨 섞인 세월의 노래.
노랗게 물든 기억의 숲
바람에 실려 보낸
긴 여름의 고된 이야기
갈대숲의 속삭임, 밀어
빈 둥지 위 떨어지는 낙엽, 철새들의 지저귐.

가을은 익어,
참나무 가지 끝의 마른 잎으로…
푸른숲 여름 이야기,
그 찬란한 축제의 기억들
누가 있어 고운 그 이름 기억해 불러줄까?

가을비 · 1

또 한 시절, 여무는 순간
나뭇잎 사이사이 붉게 깃든 빛
상념의 나래 적시는 찬 빗물

거침없이 흐르는
시간의 파도, 빛과 바람의 흔적
매듭진 세월
아득히 앞서 손짓하는 가을
갈비 맞으며 무심히 걷던 기억, 옛길

닿을 수 없고
잡을 수 없는 어린 날의 벗
저 높은 곳의 빛나던 신기루
오늘 나, 과연 그날의 꿈이었던가.

안타까운 푸른 낙엽
잎새마다 깃든 여름날 슬픈 인연
밤새 내리는 가을비
갈망한들 가는 계절이 더디 갈까.

가을비 · 2

새벽 녘, 이불 깃 꼭 잡고 떠진 눈
창가엔 검은 안개만 자욱,
깊고 푸른, 한없이 높은 하늘
흐느끼던 젖은 바람
떠오르는 황량한 기억
밤 새 꿈인 듯 보인 남쪽 바다
그 파도 닮은 가을비,

긴 세월 아파온 주홍빛 서정
빗소리 따라 흐르는 기억의 잔영과 혼돈,
서둘러 변하는 계절
떠나는 것과 남는것들의
절규와 아우성, 가을 소나기,

잊혀진 날, 다시 오마 손짓하며 떠난
온 천지 붉히고 수줍던 그 단풍인가
계절의 회귀(回歸), 가을 나그네
무정히도 내리는 가을 비
낯선 단풍 비,
이 비 그치면 옛처럼 가을도 깊어질까.

가을여행

살다보면 늘 갈증 같은 아쉬움
만족은 저만치 앞선 눈길 따라가느라
언제나 힘겨운 여행,
뱁새와 황새 이야긴 왜 나왔을까?

이룰 수 없고 다 가질 수 없어
품어버린 끝 모를 소망,
닦고 닦아, 반짝이는 눈물이 된 궁녀의 꿈
강물 속 숨긴 한(恨), 흐르는 설화

눈길 닿는 곳
발길 닿는 것마다 떠오르는
평생을 꺼내 들여다본 보석 된 이야기
서름처럼 묻어나는
못난 시절, 애달픈 기억의 향수

돌틈마다 피어 나는 이끼, 세월의 흔적
고뇌스런 신비한 전설 살피며
깊고 긴 산 그림자, 빛이 된 소리 듣는다.

낙엽을 품으며

갑갑하다, 아우성치는 시어(詩語)들
뛰쳐나가 큰소리로 외쳐야 할
내 안의 소리
언제나 들끓는 결핍의 노래
본태성 그리움과 설움의 소리들이
귀와 눈을 자극하고 가슴을 친다.

계절을 물들이고
흩어지는 낙엽인 양
막막한 현실이 가슴을 할퀴고
애처로움에 목이 메는 지금
해는 다시 뜨고 가을은 또 찾아올 것임을 알지만

저무는 시간의 길목에
정으로 찾은 한 줌 낙엽,
쉽게 품어
붉게 눈물짓는 이별의 흔적.

가을, 어느 카페에서

이미 깊어진 가을
보이는 창 마다 풍경 가득한 낯선 까페
천지에 내 좋아하는 붉은색
가을로 내려와 어느덧 낙엽
온통 붉은 세상

누군가 다녀가 남긴 글
아쉬움 가득, 가을빛 담긴 메모
변함없는 꽃으로 불리긴 차마 부끄러운 호(號),
송담(松潭)

모처럼 소란스러운 즐거움
우정 가득한 고운 잔칫날
흐르는 시간, 웃음소리, 흔들리는 그림자
깊어가는 가을밤

들국화 어둔 꽃길 달리며
친구함께 돌아오던 길
별빛 향한 결연한 선포, 송담(松潭)
나의 호(號) 탄생한 시월, 붉던 어느 가을날.

10월, 그 아름다운 날을

오늘은 그냥 있고 싶네요.
알 수 없는 허전함에 들뜬 약속 접습니다.

갈바람에 온갖 시름, 낙엽에 실려 거리를 휩쓸지만
젊음의 광장
분출되는 열정, 뜨거운 절규, 몸부림, 폭풍의 언덕,

한때는 그 자리, 내 마음도 사슴 되어 뛰놀았을…
세월 감을 탓할 순 없는,
그래도 세상은 활기차야겠구요.

젊음의 열정과 광분이 한때였듯
반쯤 감은 눈과 귀로
따스히 보고 듣습니다.

유년의 고운 노래 백일홍 꽃밭
청춘의 기개, 열정의 숲, 장미화원
장년의 감미로운 삶의 향 가득한 평온의 국화정원,

이미 삶의 비밀화원을 열어버린 우린,
시간의 정원사
아름답고, 화려하며 젊음 가득한, 자유로운 세상이기를….

가는 10월은
해마다 가슴앓이로 상처를 만들지만
고운단풍 저녁노을에 더욱 붉습니다.

오늘은 그냥 있고 싶네요.

바람에 여문 씨앗으로

생각은 저만큼 앞서고
눈과 귀는 언제나 생각보다 빠르다.

얼만큼 쌓아야 폼 나는 멋진 삶 될까
쉼 없는 계산,
하늘 높이 띄운 열망의 애드벌룬
치열한 생존의 축제

서둘러 뿌리고 가꿔
준비한 만큼
들녘엔 추수할 것도 풍성하네.

누구나 한 번은 주연,
한 번은 관객이었을
주연과 관객은 언제나 한편,
애타던 승부의 기막힌 순간들

아는 듯 모르는 듯
섧고 춥던 기억,
때론 속아주고 참아도 본

상처 입은 자존감
어둡고 혼란스런 그날의 상황들

좋았던 순간조차 버리고픈 지금
차라리 잊으리.
들판의 온갖 생명 함께 한
어둠의 기억 모두를
갈바람에 여문 여름 씨앗으로.

첫눈

까치소리 유난한 새벽
오랜 기다림의 답, 첫눈
환한 현관, 햇살 가득 열린 하늘
상큼한 소식

함박눈에 넋 잃은 겨울 새
소란스러움. 한바탕 떨친 일탈
잃고 나서야 귀함을 깨닫는
애달픔.

시선 닿는 곳마다
온통 겨울 향기 가득, 고운 문향
행여 누가 엿볼까
수줍고 아리던 그날

신비로운 빛 가득
순결한 춤사위,
설레임
싱그럽고 포근한 아름다움
온 천지 충만한 축제의 꽃, 첫눈.

함박눈 내리는 날

봄이 되면
싱그러움으로 다시 피어날 노래
나의 꿈, 나의 잎새들….

향기로운 꽃밭, 장미 숲, 푸르고 넓은 잔디,
무지개 뜬 여름 냇가, 뛰노는 아이들,
호수에 뜬 고요한 달빛
상상의 시간, 깊어가는 겨울

서럽고 서운한 맘,
내리는 눈꽃송이에 소망으로 실어 달래며
사는 게 늘 그렇습니다만
세월을 조율하듯
삶의 고웁고 감미로운 멜로디, 아름다운 하모니

봄날의 숲을 품으며
어른다운 용서, 용기와 기품의 커튼 펼쳐
새날, 희망의 날을 세웁니다, 함박눈 내리는 날.

* 2010년 1월 눈 내리는 첫 주말

후풍(候風)

늦은 봄바람이 그렇게 따스한 것인 줄
몰랐습니다.

어디쯤서 출발해 이제사 찾아온 따스한 바람,
높낮은 산, 드넓은 바다
유년의 꿈, 고단한 청춘의 언덕 넘어
마침내 찾은 평안함
정 같은 설레임

오래 머물며
위로와 기쁨과 평온을 기약하는 햇살, 보람,
세월이보내온 연륜,
일상의 신선함
잊혀진 추억의 선물인지

어느새 꽃향 가득
사랑스런 몸짓, 우아한 미소
가슴 한구석 아린기억조차
기약 없는 서러운 이별처럼
바람에 실린 무지갯빛 환상으로

홀로 가는 긴 여정, 뜻밖의 동행
언제쯤 다시 돌아와 지난 일 말해줄지
손짓하며 떠나는 후풍(候風)이여

늦은 봄 부는 바람이 그렇게 따스한 것인 줄
몰랐습니다.

4부

당신은 누구신가요

어떤 만남

공연히 마음이 쓰이고
창에 비친 란(蘭)에 눈길이 간다.
함께했던 지난 시간들,
세월 빠름이 새삼스럽다.

무슨 까닭일까.
묘한 두근거림과 이 설레임은
지난날 그리도 힘들던 시간들이
다른 이 눈에 오하려 아름답게 보였다니

쉽게 가는 길이 어딘지
간구하여 마침내 찾아낸 신기루
몇 시간 쯤 준비하고
수고하며 애를 좀 쓴들,

어떤 의미로든 설레임으로 맞이하는
운명 같은 복된 날
어색한 기다림, 달콤하고 오랜 설명
삶의 낯선 길목에서의 어떤 만남.

당신은 누구신가요

고열에 들뜬 어둡고 힘든 시간
꽁꽁 언 잠 자리
훌쩍이던 설운 밤

팔 아프고 어깨 결려 잠 못 이루던
꿈속에서
두드리고 어루만져 단잠 자게하신
당신은 누구실까요.

어릴 적 계산 없던 부모님 울처럼
마냥 든든하고 편안한 기억

갖고 싶고 하고 싶은 것
언젠간 모두 다 할 수 있다
조용히 다독이시던
당신은 누구십니까.

속상하고 외로워 소리 없이 혼자 울 때
가만히 다가와
벗인 양 말 걸어 웃게 하고

일기 예보처럼 빠르고 정확한 충고로
용기 갖고 서게 하던
사랑보다 진한
세상에 없는 당신은 누구신지요?

3월, 그날도 이렇게

너무나 순박해
도무지 탓할 줄 모르는 당연한 치욕
희디흰 동포의 눈물, 차마 외면할 수 없는 지성
내 가족, 내 이웃과 친척
가까운 혈육의 고통과 설움, 공동의 아픔

열여섯 어린처녀 앞세운
참았던 민중의 함성, 깃발
그것은 끓어오른 용암, 정의감
동포애, 그리고 애향, 애국심이었습니다.

순결하고 애통한 가슴 뜯기고
자존의 고통, 강하고 장열한 승화
방방 곳곳 어질고 착한, 잠든 넋 흔들어 깨운
이 땅, 승리의 봉화, 함께 만든 태극기

그날의 함성이
하늘과 땅을, 바다를 울려
독립의 꽃으로 피었습니다.

민족의 모세이길 자청한 당신의 열정,
충혈 뿌린 이 땅, 귀한 이 나라
역사 안에 녹아내린 선혈, 거룩한 뜻
아름다운 영혼이여.

오늘, 푸른 저 하늘 아울러
경건히, 장한 뜻 새기며
반듯하고 자랑스런 멋진 후손
길이 빛날 선진의 민족이기를
3월, 그날도 이렇게 푸른 하늘이었지요.

한계점

한다고 다 된다던가
"칠전팔기, 태산도 첫 발자국부터"
힘들고 어려워도 멈추지 말고
열심히 하라는 달콤한 채찍
하도 들어 재미없는 말.
누구나 노력해도 안 되는 일 있고
그 길 아니면
다른 길이 지름길일 수도 있지 않나.

피땀 흘려 힘들게 쌓아 놓은들
어차피 버리고 갈 짐인데
실망만 안고 갈 뻔한 일, 이젠 그만하자.
내게 맞는 일
내게 편한 일
내가 즐겁고 자랑스럽게 할 수 있는
그런 일만 찾아 산다면
힘든 세상 조금은 쉽게 가지 않을까.

섧고도 먼 길, 빈 손 홀로 어찌 걸어왔는지
긴 세월 한길로만 온 경직된 시야

남은 날은 또 어찌 가야 할지
아직도 갈 길 아득한 내 삶의 한계령,
오늘 그 삶의 정점에 섰다.

하늘, 언제나 푸르고 높고 깊음은

맑고 고운 진한 빛,
하염없이 흐르는 강,
별, 은하수,
소리로 쌓은 탑,
꿈길,
그 옛날 함께 부르던 노래,
오롯한 등불로 밝혀 오늘 가슴에 내 단다.

소리와, 바람, 오랜 기다림,
뜻처럼
한 곳만을 향해
마침내 보석으로 불린
세월의 노래,
가득한 사연, 귀담아 들어 줄 벗들 자리한 곳

불빛 아래 모이는
여름 풀벌레처럼
여유, 충만함
이젠 그만 잊어도 좋을 상처, 흔적

흐르는 구름 따라
기억조차 아득한 곳으로

무지갯빛 그날의 강을 향해
화려한 꿈, 소망,
수천 년 전 약속의 울림,
간절함
하늘은 뜻처럼 푸르고 맑아
날마다 더 높고 깊어 눈이 시린 이유.

목소리

소리가 정이고 사랑이고 삶이어라
소리가 그리움이고 노래인 것을
그리움 닮은 떠올리기만 해도 가슴 절절한

알알이 은쟁반 옥구슬 아니어도
설 잠 깨 윤기 없고 조금은 거칠어도
듣고 싶은 소리, 애달픈 소리,
다정한 목소리 그리운 소리.

기억 저편의 아버지 웃음소리,
옛 친구들 소리 선생님 소리
그 시절 소리, 들리는 소리,
사랑스런 소리, 소리, 소리들….

고약해 가슴 후비고 상처만 남기는 소리도
세월 가면 그리움 되고 추억인 것을
따듯한 배려 한 자락 없는 건조했던 대화여도
시간가면 미운 정 되니
이왕이면 미려한 소리 다정한 소리 들을 수 있다면

그 소리 오래도록 예쁘게 그리웠어라.
다시 들어도 목 메이는 아름다운 소리
그리운 이의 소리 목소리 인 것을….

빈심(貧心)

늘 부끄러운
부족한 것 많아 죄스러운,
그래도 낳아 주신 두 어른 수고로움 눈에 밟혀,
아닌 줄 알면서도 허영처럼 세상을 향합니다.

애써도 안 되는 일 있고
최선을 다해도 못 이루는 것 있음을
너무나 잘 알지만
온갖 눈총, 빈축만으로 접을 수 없는
내 안의 심지(心志), 자존(自尊)을 밝힘이지요.

밟혀도
눌려도
꺼질 수 없고 감출 수 없는 빛,
너무나 식상해
돌아서 금세 잊을 번한 설득
공감되지 못한 공허함, 울림

들을 귀 있는 사람들만 들으라.
도처에 넘치는,

지극하고 당연한 선(善),미련한 유희 언(言)
오늘, 내가 나이길 고집함이
결코, 무지로 비롯됨 아님을 아시는지
독선(獨善)도 못되는 못난 마음,
다시 비워 내려놓습니다.

사람들과

사는 게 만남
만나고 스치는 많고 많은 인연들
세월, 흐름 따라
어떤 이유로든 얽히고 이어진 고리

붙잡든
밀어내고 다시 만나든
한번은 살펴 찾은 귀한 만남,

외로움 덜기 위해
부족함 채우기 위해
선택해 본, 무모함, 도전,
오가는 눈빛, 몸짓들의 묘한 의미

이생과 저 생의 인연에서 비롯된
갈등의 늪
꼭, 필요한 사람
멀리해야 할 사람
함께 품어줄 동질의 상생

원치 않고
싫은 사람들 속에서
부끄러움 덮고 함께 웃어줄
끝까지 동행해도 좋을 인연들
찾으며,
기다리며,
잊혀진 사람을 또 다시 만납니다.

새벽, 눈을 뜨며

까치소리 요란한 새벽
쏟아지는 밝은 햇살에 눈뜨며
지난 밤 꿈, 그토록 애타던 갈망
흐르는 시간의 강에 아픔으로 띄운다.

건강해 다행이고
지금, 살아있어 또한 다행이다
없는 것 많지만 가진 것 역시 그만하니
이왕이면 갖추고 이룬 것들로 기뻐해야지.

구태여 못 이루고 부족한 부분 들춰
공연한 근심 키울까.

행운이 아무렇게나 올 리 없고
넘치게 행복한 이 또 얼마나 되겠나.
높은 곳은 희망이고
낮은 곳은 베품이 옳다.

최고가 아니어도
세상에 중심이 못됨도 슬플 것 없는

만족과 충족, 갈증 같은 당연한 희망
세월의 물살 따라 무심히 노 저을 뿐
저 하늘, 무지개를 향하여….

슬픔 없는 세상은 없는 걸까?

살아있는 것
이 세상 숨 쉬는 것들은 모두가 슬픔이다.
이유없이 태어나
외로이 홀로 돌아가는 쓸쓸함
영원 할 것처럼 살다 그렇게 슬프게들 돌아갔다.

사랑하는 사람들
귀하고 아름다운, 아끼던 소중한 것들
온갖 절정의 감동
순수하고 향기롭던 열정조차 허망해지는 그날의 어둠
죽음 앞엔 오직 공허일 뿐,

햇빛이 찬란해 꽃들이 피고 풀잎이 무성할 때만
잠시 슬픔이 잊혀질 뿐
살아 숨쉬는 것 모두가 슬픔인
두렵고 떨리는 진실
아픔과 이별 없는 다른 삶은 없는 걸까?
더 이상 슬픔 없는 세상일 수 있다면.

눈물

무슨 연유였을지
늘상, 마음 깊숙한 곳에 자리한
상실감, 고뇌, 아쉬움, 안타까움,
원인조차 모호한 슬픔 같은 그리움.

구비구비
핏줄로 이어진 전설, 숨겨진 진실,
누구의 탓일 수도 없는,
태고적 허무, 흐르는 신비 ,열정
풀지 못하는 꿈의 운명적 형상.

내 안에 뿌리내린 저항감, 외침, 설득,
참을 수 없는 아픔에서 비롯한 변명
꽃잎 휘날리던 환상 속 연정,
목 메이던 기다림, 갈등, 상처.

터질듯 영롱한 바램, 외침
마침내 토해낸 인고의 화산
감성 가득 찬란한 선율
화려하고도 슬픈 내 안의 소리, 눈물.

소아 재활 병동에서

낯설고 수줍은 봉선화
못 본 척 창밖으로 시선을 던집니다.
천사는 그냥 눈물이네요,
모습, 그림자도 찻잔 위로 그냥 눈물이 됩니다.

끝이 안보이는 통곡의 안개길,
차라리 노래이고 싶은 소리 없는 절규
재활가족 모두가 그렇게나 깊은 아픔, 가슴시린 사연입니다.

눈물, 울음은 어느새 사치되고
균형 잃고 조화롭지 않은,
아픔과 고단함이 연기처럼 배어나는…
절망으로 기대는 어깨
무언의 다독임, 표정 없는 위로,

아픈 그림자로 둘러앉은 만찬의 원탁
서로의 슬픈 눈망울, 기약 없는 기다림
그러나 사랑스런 천진한 영혼들…
오늘도 아픈 구름 타고 한걸음 세월을 디뎠습니다.

별이 된 수많은 시간,
여린잎 피워내는 향기로운 천사의 꽃밭에서
목메이는 사랑,
가슴에 흐르는 아픔의 강,
가엾은 눈물로 오늘보다 대견한 내일을 기다립니다.

* 2009. 7. 16. 보람병원을 다녀오며…

상념의 늪

청록의 현란한 빛
꿈
가득한 상념의 늪
언제나 달리는 일상의 터널
온갖 의욕, 설레임,
밀도 있는 색채와 가락
심상을 흔드는 깊은 저음, 장엄함

가끔은 폼내고 멋도 내고픈
컴플렉스 가득한 미완성의 삶,
가질 수 없고 채울 수 없는 것들에 대한 미련,
음악은 공감
색채는 성취와 기대
찬 손에 쥐인 악기,
흐느끼는 멜로디,

어느 곳, 누구에게서도 취할 수 없는
갈급한 서정,
고독한 지성

식상한 진리,
온갖 탐욕의 도시, 생존하는 조직들,
무성한 갈등의 파도,
난무하는 유혹의 소리
은밀한 거래,
마침내 깨닫는 영원한 아름다움,
소리와 빛, 색과 향의 형상,
어울림
비움의 미(美).

살아갈 충분한 이유

언제부터인가
간간히 전해오는 동기들의 부모형제 떠나셨단 소식들
문득, 들여다본 가족사진

사진 속에 웃고 있는 익숙한 모습
내 어린 시절, 청춘과 젊음을 기억하는
눈빛도 다정한 아득한 얼굴들

들리는 소식처럼
하나 둘, 순서대로 지워진다면
마침내
눈인사 나눌 모습조차 흔적도 없을 허망한 두려움
누가 있어 내 학창시절 더듬어 얘기해 줄까.

오늘 또 누가 떠나셨다 전해 올지
불편한 알림
행여, 나도 나를 잊을까 실없는 두려움
들려오는 전화 벨소리
무너지는 가슴,

불현 듯 눈에 띈 탁자 위 청첩장
동기 슬하여식 결혼소식이 오히려 한숨 같은 반가움
그래 , 지금은 할 일 많은 아슬한 중년
아직은 살아갈 이유 충분하다.

기회

조금은 두렵고 조금은 설레는
우연히 찾아온 반갑고 기쁜 소식
하늘로부터 온 아름다운 선물, 기회
해 낼 수 있을까?

밤새도록 성토한 귀뚜라미의 절규
안타까운 설득
살면서 단 한 번도 자유롭지 못했던
수많은 설계와 계획들,
늘 불안하게 다가온 축복,
때 늦은 후회, 안개 가득한 세월….

확실치 않은 모습으로 다시 찾아온, 기회
한번쯤 용기 내 잡아도 부끄럽지 않은 자비의 손길
놓치고 싶지 않은 행운의 손짓
혼신을 다해 연주해야 할 제 3막의 멜로디
미소 지며 다가온 황홀한 빛의 향연
해낼 수 있을까?

두려움과 거절의 껍질을 깨고
비로 서 하늘로 향한 축복의 사다리
신천지로 향한 신비의 첫 발자국
함께 불러야 할 송가
내 영혼의 자유로운 노래
기회의 동행이여, 벗이여….

태풍, 그 거대한 외침을

그렇게 힘들다고
그토록 참을 수 없었다고

머리 풀고 아우성치며
한바탕 몸부림쳐 날뛰고 뒹구는 거친 몸짓.

삼현 육각, 거대한 제종소리,
오케스트라와 관현악,
하늘의 굉음
분출하는 지구상 모든 폭발음
광분한 지구의 소리.

얼마나 더 무너져 터지고, 피 흘려 숨지고
얼마나 더 할퀴어 괴로워야
분 풀리고 속 시원 할 것이냐.

그래 이해 한 다
우리 모두 다 이해한다.
그 아프고 답답한 속내,

그리고 안다.
살아 간다는 것,
이미 고통과 환희, 불안과 갈등
두려움의 항해인 것을.

진정, 실속 있는

무슨 할 말이 그리 많을까요.
느끼고, 사랑하며, 부대끼는 이 세상이 고해(苦海)라는데
일일이 말해야 알고
말 안 한다 해서 있었던 일들이 없어지는지요.

보고, 듣고, 느낌으로
설명하지 않아도 모두가 아는 일입니다.
사실을 정확히 알리면
판단과 해석은 각자의 안목과 시각, 의지대로지요.

전개된 사실과 상황의
왜곡된 진실을 강요나 주입할 순 없는 일,
손바닥으로 하늘을 가릴 수 없고
눈 감는다고 세상이 없어지지 않듯이

저만 옳고, 잘났다는 강하고 큰 목소리일수록
몫만 더 챙기고 허세만 남길
뻔히 속 보이는, 요란한 빈 수레
숱한 경험으로 얻은, 식상한 진실

말할 줄 모르고
속없어 침묵함도 아닌
반만 뜬 눈과 귀로 살며
필요한 기술, 학문만 앎이 진정 실속 있는 일이지요.

진실, 그날로부터

아팠다.
얼만 큼 아픈지 가늠할 수 없을 만큼,
묶이고 눕혀 실려 가는 입원실서 수술실까지의
길고도 긴 통로
죽음의 고통으로 붉게 물든 천장,
공포 가득한 수술 대기실
나란히 줄맞춰 늘어선 수많은 대기 환자들
푸르고 흰 가운에 덥혀 머리로만 숨 쉬는 날개 없는 천사
급하게 오가는 구원의 발소리,
내가 왜 이런 고통을,
무엇이 나를 여기까지,
집착과 포기, 필연의 자성과정
수없는 의문과 질문,
마침내 신의 가호와 섭리를 갈구, 순응,
망각의 검은 시간
세상에 대한 가소로움, 삶에의 초연함,
고통의 긴 터널 지나 첫 눈뜨며 만난 소리,
신선한 빛, 의식,
한낱 피조물로서의 가혹한 진실, 깨달음
서글프고 측은한 유한한 모든 피조물의 삶,

그게 무엇이든, 누구든,
상처주지 말고 아픈 매듭짓지 말자.
오늘을 감사하고 즐기며 다만 용서
이것이 세상사는 이유와 방법의 진실이 아닐까.

갈등

늘 준비하고
항상 기다립니다.
하루에도 몇 번씩
이리저리 푸른 나래를 폅니다.

계획도 숱하게 세우고 ,
TV에 뜬 다른 이의 성공담도 관심 있게 봅니다.
작은 실수만으로도
멋진 기회 될 장면들이 비켜가는 듯해
놓칠까 두려워 긴장하며 봅니다.

많은 날들을
절절한 마음으로 기다리고
성취할 꿈 너무 많아
무얼 하면 좋을까 늘 고민
더 멋진 날들 만들자고 끝없이 갈등하며 도전하고
준비하며 기다려요.

시작(詩作)

흰 원고지, 써 내리는 검은 글씨,
분꽃 같은 시어(詩語)들,
어느 새 그리움 많은 나이됨을 발견하곤
이룬 것 별로 없는 빈손이 허탈해
조용히 한숨 지며
부끄러운 시간을 달랩니다.
기회 잘 잡아 부, 권, 명예 얻고
언제나 기고만장
목 곧고, 눈 힘주며
주제 없이 목소리만 높던 설익은 그 사람
존경스럽지 못한 모습, 역시
운명이고 제 멋임을 알기에 그냥 접네요.
모든게 제 눈의 안경이고 제 그릇 만큼이니
자욱한 가을안개, 지는 낙엽
깊게 가라앉은 아픔, 찬 기억
스치고 지난 수많은 인연
의욕조차 잠잠한 세월의 숲,
바라보는 것조차 기쁨일 또 다른 인연, 기다림
순수한 고행, 미래를 향한 기도입니다.

신앙에 용해된 감성과 지성

— 신현자 시인의 작품세계

문학평론가 리 헌 석
(사) 문학사랑협의회 이사장

1. 신현자의 문학적 바탕

신현자 시인은 1952년 충청도에서 태어났으나 주로 경기도에서 성장한다. 목사인 부친이 여러 곳의 교회에서 시무하였기 때문에, 충북에서 초등학교를 졸업하고, 충남 공주에서 중고등학교 과정을 마친 후, 대전에서 대학을 졸업한다. 기독교 가정에서 태어나고 성장하여, 그의 삶과 문학의 바탕에는 기독정신이 녹아있다. 삶 자체가 신앙의 부분집합으로 인식될 정도로 기독교 정신이 자연스럽게 스며 있다.

초등학교 학생시절부터 글짓기를 잘 하여 여러 상을 받는다. 중등학교 시절에도 문예반 활동을 하면서, 학교 대표로 참여하여 많은 상을 수상한다. 대학에서는 '보육'을 전공하고, 유치원에서 원아들을 지도한다. 결혼과 함께 생활의 윤기를 더하기 위해 '색소폰' 연주를 연마하여 지도자의 위치에 오르며, 문학에 정진하기 위해 방송대의 국문학을 전공한다.

지천명(知天命)의 나이에 이르러 꿈으로 간직하던 문인의 길을 걷는다. 2007년에 『한울문학』의 신인상과 작가상을 받아 등단하고, 2016년에 『문학사랑』에서 '한국인터넷문학상'을 받으며 창작의 지평을 넓힌다. 이를 계기로 2016년에 첫 시집 『당신은 누구신가요』를 발간한다. 작품 「처음 알았습니다」를 읽고 그의 곡진한 서정을 공유하게 된다. 시인과 같이 '먹먹한 가슴'으로 시집 한 권을 단숨에 읽게 하는 마력(魔力)에 휩싸인다.

> 서러움이 별처럼 내린 양지쪽 언덕에
> 혼자 있기 쓸쓸하다,
> 어머님 함께 나란히 누우신 날,
> 꽃잎 흐르는 봄빛조차도 서러운
> 이 고운 봄날
> 살아 숨 쉬는 모든 게 오히려 슬픔인 것도
> 이제야 비로소 안 것 같습니다.
>
> — 「처음 알았습니다」 일부

시인의 부친이 먼저 소천하셨고, 그 다음에 모친이 작고하여 아버지 곁에 모신 후의 '슬픈 정서'가 오롯하다. 〈마른 잔디 위에 내리쬐는 봄볕이 그렇게 슬픈 줄을/ 이제 처음 알았습니다.〉 〈진달래 산당화 꽃잎이 그렇게 슬픈 꽃인 줄도/ 이제야 처음 알았습니다.〉 어머니의 부재로 인해 시인의 정서는 〈맑디맑은 푸른 봄 하늘빛〉도 〈가슴 흔들던 바람소리〉도 자신과 같이 슬픈 사물로 인식한다.

어머니를 아버지 곁에 모신 후, 〈꽃잎 흐르는 봄빛조차도 서러운/ 이 고운 봄날/ 살아 숨 쉬는 모든 게 오히려 슬픔인 것〉에서 절통(切痛)한 정서를 공유한다. 어머니를 여읜 그는 다윗의 시 〈주여 나는 외롭고 괴롭사오니 내게 돌이키사 나를 긍휼히 여기소서. 내 마음의 근심이 많사오니 나를 곤란에서 끌어내소서.〉와 같은 기도로 슬픔을 극복했으리라 본다. 이로 인해 그는 일상으로 돌아와 아름답던 어린 날을 회상한다.

그리움이 된 장미 향기
보석이 된 꿈
기억의 가지마다 연둣빛 새싹
조각배 구름 되어 하늘에 뜬다.

전설인 듯, 꿈속의 이야기
바람결에 실려 온 아득한 향기
어릴 적 빛나던 꿈

봄날은 가고 세월은 아쉬워도
아직도 꿈꾸는 세상
살아있는 온갖 생명들의 낙원
장미향 가득한 나의 삶, 나의 소망.

장미 향기가 세상에 넘치면

그리움은 노래가 되고
조각배 구름 되어 하늘에 뜬다.

— 「장미 향기」 전문

신현자 시인은 〈어릴 적 빛나던 꿈〉을 기억한다. 그 '꿈'은 장미꽃이 피는 5월과 6월쯤에 보석과 같이 빛난다. 아름답던 기억의 가지마다 연둣빛 새싹이 돋은 그 위로 하얀 구름이 조각배처럼 떠 흐른다. 오랜 기간 가슴에 묵혀온 이야기는 이제 '전설'이 된다. 봄날이 가고 세월이 흘러도 그 꿈은 기억 속에 남아 그의 삶이 되고 그의 소망이 된다. 꿈의 매개체로 등장하는 '장미 향기'는 그리움의 노래가 된다.

그의 작품을 감상하면 이와 같은 스토리가 독자의 가슴으로 전이된다. 때로는 세세하게 서술하거나 묘사하다가, 갑자기 음악의 스타카토처럼 토막으로 잘려서, 독자들은 조사(助辭)를 복원하면서 읽어야 한다. 낱말 맞추기를 통해 시인의 정서를 복원하는 재미도 신현자 시 감상의 묘미이다. 모든 것을 세세하게 기록하면 산문이고, 중요한 부분을 선택하여 비유와 상징의 옷을 입히면 시가 될 터, 이러한 기예(技藝)를 그는 다용(多用)하고 있다.

2. 정서적 에뜨랑제 경향

일묵(一默) 임영창 시인은 "정서적 차이는 있지만, 시인은 누구나 에뜨랑제(etranger) 기질이 있다."고 말한 바 있다.

시인의 여러 기질 중에 '떠돌이' '보헤미안' '집시' '이카루스' 등의 속성이 있어, 수렴적인 구심력(求心力)보다, 벗어나려는 원심력(遠心力)이 작품 속에 자주 등장한다. 이러한 성향은 한 자리에 머물러 있지 않으려는 인간 본연의 자세일 터인데, 시인을 비롯한 예술인들은 이 성향이 좀 더 두드러지게 나타난다.

신현자 시인도 정서적 에뜨랑제의 속성을 형상화한다. 겉으로 드러나는 원심력을 노래하는 것보다 내면의 원심력을 작품에 담아낸다. 이러한 작품 창작 성향은 종교적 신앙 안에서 생활한 사람에게서 두드러진다. 자신을 돌아보고, 스스로 반성하며, 또한 신앙의 주체에게 자신의 부족함을 채워달라는 기도의 속성이기도 하다.

낯선 길,
추수할 것 없는 빈들
허허로운 시간의 그림자를 펼치다.

애틋하게 속삭이는
초저녁 바람
기억 찾아 떠나는 끝없는 능선(稜線)

능선 따라 이어진 세월의 설화(說話)
피어나는 해오름 안개
그리고 빈손,

한 가진들 아픔 없는 이룸 있었을까,
들여다보면

욕망 가득 상처 입은 가슴일 뿐.

새벽 안개비
한낮의 태양을 예지하듯
고단한 울음 지우며 술렁이는 그림자.

— 「산길에서」 전문

시인이 낯선 길로 들어선다. 가을추수를 다하여 빈들에 〈시간의 그림자〉가 길게 펼쳐 있다. 이 작품에서는 〈시간의 그림자〉와 같은 고도의 은유가 빛난다. 〈기억 찾아 떠나는〉 〈능선(稜線)〉에 이르러, 어려서부터 갈고 닦은 문학적 자질을 확인한다. 기억 속에 있는 능선일 터이지만, 시인은 이 능선이 '기억을 찾아' 끝없이 이어진다고 노래한다. 능선을 따라 〈세월의 설화(說話)〉가 이어진다는 발상도 신선하다. 이런 바탕에 〈한 가진들 아픔 없는 이룸 있었을까〉에 이르러 잠언적 수준에 경탄하게 된다. 이루어놓은 업적을 들여다보면서 〈욕망 가득 상처 입은 가슴〉을 만나게 되고, 이는 다시 〈고단한 울음 지우며 술렁이는 그림자〉로 시인의 내면을 구체화한다.

세상을 살다 보면 상처 입지 않은 사람 없을 것이다. 누구나 크고 작은 상처를 안고 살아가지만, 예민한 감성을 지닌 시인이나 예술가들은 좀 더 확장되어 나타난다. 이러한 '상처'를 극복하기 위해 신앙에 충실하기도 하고, 좋아하는 일에 집중하기도 하며, 기쁨으로 변환될 수 있는 예술행위를 찾아 행하기도 한다. 신현자 시인과 부군(남편)은 색소폰을 연주하면서 스스로 위로를 받는다.

한바탕 진하게 펼쳐진 무대
혼신을 다해 펼친 연출,
열정의 투명한 늪,
바람이 돼버린 시간, 에너지

타버린 추억의 잔해,
공감과 가슴앓이의 불씨 사르며
누군가의 마음속 상처가 된 후유증
무심한 한숨,

이유와 색깔이야 어떠하든
귀 기울여 수런대며 반짝이던 눈
어둠 속의 빈 객석
흩어진 화음
허전함에 싸한 코끝,

축제는 끝나고
연주도 멈춘 무대 위의 적막,
가슴에 흐르는 안타까운 선율.
늘 아쉬운 후회, 공허함
별빛조차 푸르던 그날의 하늘정원.

— 「연주회 끝난 후」 전문

동료와 문하생들이 모여 연주회를 한 듯하다. 혼신을 다하여 펼치는 무대에서 객석의 감동을 이끌어내기도 하지만, 연주자들 스스로 감동과 희열을 체험한다. 투명한 열정으로 온갖 에너지를 다 쏟아 붓고 난 후, 연주자들은 보람과 함께

〈타버린 추억의 잔해〉에 쓸쓸해하기도 했을 터, 그리하여 관객이 떠나고 남은 〈어둠 속의 빈 객석〉에 눈길이 가게 마련이다.

허공으로 〈흩어진 화음〉이 아직도 가슴에 남아 〈무심한 한숨〉을 내뿜기도 하고, 〈허전함〉에 코끝이 시큰하기도 할 터이다. 이렇게 연주회를 마치고 적막이 찾아오면, 아직도 시인의 가슴에는 〈안타까움의 선율〉이 남아 흐른다. 이렇듯이 시인은 음악을 통해 봉사하면서 보람을 찾는다. 신앙의 주체가 그에게 준 예술적 달란트를 통하여, 많은 사람들을 즐겁고 행복하게 하는 일은 소중한 일이다. 그는 앞으로도 이러한 연주활동에 전념하리라고 하니, 이 또한 기쁘고 보람된 일일 터이다.

3. 감성과 시어의 교집합

신현자 시인은 감성이 예민하고 풍성한 사람이다. 봄비를 맞으며 풀과 나무들이 자라듯, 서정의 폭을 넓히기 위해 시인이나 예술가들은 가끔 비를 맞으며 거리를 배회하기도 한다. 낙엽이 날리는 거리를 보헤미안처럼 쏘다니기도 하고, 눈을 맞으며 독재에 항거하는 자세를 취하기도 한다. 한국문학의 여명기에는 이러한 모습들이 문인의 대유(代喩)적 이미지로 인식된 때도 있었다. 비록 현대의 예술가들은 이런 일탈이 줄어들고 있다고 하지만, 이들의 내면에 있는 동경마저 사라진 것은 아닐 터이다.

감성이 풍성한 그는 어느 봄날, 꽃비를 맞으며 거리에 나선다. 바람결에 실려 오는 추억의 향기도 만나고, 비가 내리는 가운데 문득문득 보이는 파란하늘에 해맑은 미소를 날리기도 한다. 꽃비를 맞으며, 시인은 우산이 없어도 즐겁다고 한다. 〈아득한 날, 안개 자욱한 강둑에도/ 비 맞으며 걸어가는 또래 아이〉가 보인다. 추억을 즐기며 그는 〈기세등등하게 빛나던 상장, 트로피, 메달/ 모두가 꽃잎 되어〉 사소하게 보이는 경지에 이른다.

> 꽃비가 내리네요.
> 꽃비를 맞으며 강둑을 걷습니다.
> 마중 올 분도 우산도 없는 나그네로
> 추억의 향기 서글픔에 취하며
> 너무도 귀해, 그냥 맞아도 즐겁습니다.
> 꽃비 내리는 밤
> 깊고 충만하게 흐르는 강물 따라
> 꽃잎이 흘러갑니다.
> 꽃비 맞으며
> 작은아이가 안개 덮힌 강둑에 서 있습니다.
>
> — 「꽃비 내리는 밤에」 일부

이 작품의 끝 연에서 시인은 추억 속의 〈작은 아이〉가 된다. 이 작은 아이는 어릴 때 본 '동무'의 모습이거나 자신의 모습으로도 보이는데, 어떤 경우라 할지라도 정서적 공감대는 동질적이다. 〈마중 올 분도 우산도 없는 나그네〉가 되어 시인은 〈추억의 향기〉에 취한다. 강물 따라 흘러가는 꽃비를 맞으며, 안개 덮힌 강둑을 거닐던 〈작은 아이〉의 모습을 찾아 추억에 젖는다.

이런 추억으로 인해 시인은 시를 빚고, 화가는 그림을 그리며, 무용가는 춤으로 표현한다. 그 표현이 자신만의 것으로 남는다 하더라도 그 행위 자체로 의미가 있다. 그래서 예술가들은 이해타산에 물들지 않고 수준 높은 예술의 경지를 추구할 수 있는 것이다. 특히 시인은 언어로 예술의 집을 짓는다. 표현의 매체가 언어인데, 때로는 언어로부터 자유로워지기를 역설적으로 소망하기도 한다.

심연의 소리,
너무도 절박한 절규
바위만큼이나 두껍고 깊은 어둠
고요함,
길고도 먼, 끝 모를 시간,
다가오는 벅찬 감동의 무게,

숨죽이고 아프게 바라보는 서로의 눈길
가슴 절절한 시어(詩語)
날개 편 언어들의 유희,
오히려
부끄럽고 어설픈 시구(詩句)
감추인 붉은 마음,

귓전에 스치는 검고 흰 소리의 난무
혼돈,

마침내 안개 속으로 숨어드는 푸른 언어
세상은 본래
무언의 바다였음으로.

— 「침묵」 전문

서두의 '심연'은 깊은 연못을 뜻하는 심연(深淵)일까, 마음의 연못이라는 은유법의 심연(心淵)일까, 마음으로 맺어진 사이를 뜻하는 심연(心緣)일까, 구체적으로 확정할 수 없는 다의성(多義性)을 내포한다. 다른 작품에서도 여러 번 등장하는 시어의 의미는 각각 다를 것이지만, 이 작품의 '심연'은 '침묵'과 연계하여 '깊은 연못'으로 이해한다. 깊은 연못은 '침묵'의 이미지와 상관관계가 있어 보인다. 그리하여 표면에서 물결이 출렁거려도 깊은 곳에서는 잠잠할 터이매, 이를 가리키는 것으로 보인다.

표면적으로는 〈너무도 절박한 절규〉 〈바위만큼이나 두껍고 깊은 어둠〉 〈다가오는 벅찬 감동의 무게〉 〈가슴 절절한 시어〉 〈날개 편 언어들의 유희〉 등이 그의 내면에 자리잡고 있지만, 시인은 자신이 추구하는바 〈안개 속으로 숨어드는 푸른 언어〉 〈무언의 바다〉를 지향한다. 즉 자잘한 희로애락에 젖어들기도 하겠지만, 흔들리지 않는 본심을 지키겠다는 의지의 형상화다.

4. 부모와 신앙의 주체

기독교에도 '부모에게 효도하라'는 계명이 있고, 불교에도 '부모은중경'이라는 가르침이 있듯이 누구에게나 '부모'와 신앙의 주체는 거의 동질 선상에 놓인다. 신현자 시인도 어머니와 아버지, 그리고 사랑하는 가족에 대한 작품을 여러 편 빚는다. 시집의 제목이기도 한 작품 「당신은 누구신가요」에서 '당신'은 육신의 '부모'일 수도 있고, 신앙의 주체일 수도 있다. 시인의 내면에는 분명한 이미지가 형성되어 있을 터이지만, 작품의 표면에는 드러나지 않는다. 이 작품은 현대 시인들이 추구하는 중의법(衆意法)에 의한 모호성을 활용한 듯하다.

〈고열에 들뜬 어둡고 힘든 시간/ 꽁꽁 언 자리/ 훌쩍이던 설운 밤〉〈팔 아프고 어깨 결려 잠 못 이루던/ 꿈속에서/ 두드리고 어루만져 단잠 자게하신/ 당신〉은 '부모'에 가깝다. 한편 〈일기예보처럼 빠르고 정확한 충고로/ 용기 갖고 서게 하신/ 사랑보다 진한/ 세상에 없는 당신〉은 신앙의 주체로 보인다.

어느새 드문드문
나이만큼 거친 마디,
갈색반점 돋은 손등
어쩜 그렇게도 어머니와 닮았는지.

아버님 곁에 눕혀 드린 지
오늘이 꼭 두 달째 되는 날,

두 분 회포는 어찌 푸셨을까?

남기신 육남매
누구 하나 닮지 않은 사람 없는 우리
한결같은 닮은 꼴
그리운 두 분 모습.

거슬리는 갈색반점
지울까 생각다가
오히려 훈장인 듯 귀히 보며
당신 손인 양 소중하게 아낍니다.

— 「갈색 반점」 전문

신현자 시인은 어머니와 자신의 동질성을 '갈색 반점'에서 찾아낸다. 나이가 들어 손등에 갈색으로 무늬가 돋는다. 그 무늬가 생전의 어머니 반점(검버섯)과 닮아 있다. 이와 같은 유사성을 찾아낸 시인은 〈아버님 곁에 눕혀 드린 지/ 오늘이 꼭 두 달째 되는 날/ 두 분 회포는 어찌 푸셨을까〉 소천하신 어머니를 그리워한다. 시인은 손등에 있는 '갈색 반점'을 성형외과에 가서 지울까 생각도 해보지만, 어머니가 그리울 때 보기 위해 소중하게 간직한다.

「떠나는 이에게」에서도 헤어지는 사람에 대한 정서가 오롯하다. 〈그렇게 가신다니요/ 얼굴이 안 보인 지가 벌써 며칠,/ 짐짓 그러리라 생각했습니다.〉 〈계시는 동안 불편했거나/ 서운한 일 있었다면 정말 미안합니다.〉 〈잘 한다고 했는데도/ 실은 헤아림이 모자라/ 떠나실 계기가 되었나 봅니다.〉 등에서 이별의 정서를 오롯하게 그려낸다. 그리하여 〈부디 이 곳의 부족함일랑 다 잊고/ 좋았던 일들만 오래오래 기억하시기〉를 소망한다. 신현자 시인은 대상(對象)이 특정(特定)되지 않은 사람과의 이별도 이렇게 순수한 정서로 승화시키는 힘을 보인다.

> 어쩌면 당신은 밤이슬인지 모릅니다.
> 어둠 속에 소리 없이 내리는 찬비
> 세상의 온갖 소음 잠재우는 하늘을 닮았네요.
>
> 어쩌면 당신은 아침 햇살인지 모르겠어요.
> 훤하게 밝아오는 새벽 창,
> 창틈에 새어드는 눈부신 햇살로 나를 깨우네요.
>
> 어쩌면 당신은 한낮의 바람일지도 모릅니다.
> 도로 옆 가로수, 가는 줄기 흔들어
> 싱그러움으로 오가는 마음 설레게 하네요.
>
> 어쩌면 당신은 내게 찾아온 천사일지 모릅니다.
> 한결같은 열정으로 살게 하며
> 내 힘으론 불가능한 일들을 감사로 이루게 하는,
> 당신은 분명 천사이십니다.
>
> — 「어쩌면 당신은」 전문

이 작품에서의 '당신' 역시 특정되지 않았다. 당신은 '밤이슬인지 모릅니다.' '아침 햇살인지 모르겠어요' '한낮의 바람일지도 모릅니다' '내게 찾아온 천사일지 모릅니다' 등에서 유추할 때 부모님 중의 한 분이거나, 사랑하는 사람으로 보인다. 신앙의 주체로 보이기도 하지만, 마지막 연의 〈내 힘으로 불가능한 일들을〉 감사하면서 이루게 하는 '당신'은 신(神)의 영역이 아니다. 어떻든 시인은 이 분을 통하여 마음이 설레기도 하고, 감사하는 마음으로 살아간다.

신현자 시인은 어머니에 대한 정서가 특별하다. 작품 「어버이날에」에서 〈주고 또 주고/ 불살라 모두 다 비워주고 나면/ 무엇이 남는가?〉 서두를 의문문으로 시작한다. 그리하여 〈최선을 다하는 아름다움〉 〈빈 손 쥐고 살아낸 운명 같은 세월〉 〈쓰리고 서러웠던 날들〉 〈지금도 등대된 그 눈물〉 〈가슴 울리는 서글픈 모정〉 등으로 어머니를 형상화한다. 〈오늘도 아픈 몸(으로) 한숨짓고 계실 어머님〉을 기리는 작품이 독자의 가슴까지 먹먹하게 한다.

5. 표현의 변화를 추구

신현자 시인은 표현의 다양성을 추구한다. 조사를 생략하여 여백의 미(美)를 추구하기도 하고, 시어를 생략하여 독자들의 상상력을 환기하기도 하며, 행과 연의 길이를 자연스럽게 배치하기도 한다. 또한 비유와 상징을 통하여 시의 수준을 높이기 위해 고심하는데, 때로는 생경할 정도의 비유와 상징을 선보인다. 비유 중에서도 직유와 의유 같은 기본적 기법을 쓰기보다는 고도의 은유를 활용하여, 때로는 난해성을 유발하기도 한다.

그는 이러한 시도가 다분히 의도적이라고 밝힌다. 시인마다 자신만의 표현법과 시 형식을 주장하고 창작하여, 여러 작품 중에서도 개성적 특질을 귀납(歸納)하여 그 시인을 유추할 수도 있다. 그만의 개성이 살아 있는 작품이라는 측면에서 긍정적이지만, 다양한 지성과 감성을 하나의 카테고리로 묶을 수 있다는 우려도 야기된다.

그날의 함성이
하늘과 땅을, 바다를 울려
독립의 꽃으로 피었습니다.

민족의 모세이길 자청한 당신의 열정,
충혈 뿌린 이 땅, 귀한 이 나라
역사 안에 녹아내린 선혈, 거룩한 뜻
아름다운 영혼이여.

— 「3월, 그날도 이렇게」 일부

이 작품의 주인공은 유관순 열사이다. 작품에 특정하지는 않았지만, 〈열여섯 어린처녀 앞세운/ 참았던 민중의 함성, 깃발〉에서 유추가 가능하다. 우리 민족은 〈너무나 순박해/ (타민족을) 도무지 탓할 줄 모르는〉 사람들이다. 그러나 〈혈육의 고통과 설움, 공동의 아픔〉이 3.1 만세운동에 불을 붙인다. 〈방방 곳곳 어질고 착한, 잠든 넋 흔들어 깨운/ 이 땅, 승리의 봉화, 함께 만든 태극기〉를 흔들며 민족자존의 기치를 높인다. 그리하여 〈오늘, 푸른 저 하늘 아울러/ 경건히, 장한 뜻 새기며/ 반듯하고 자랑스러운 멋진 후손, 길이 빛날 선진의 민족이기〉를 염원한다.

신현자 시인의 시에 드러난 특징은 쉼표(,)의 다용이다. 때로는 쉼표의 남용으로까지 보이는 표현적 특징은 같은 품사의 중첩으로 그 뜻을 강조할 때 쓰인다. 관형어의 중첩으로 주어의 성격을 확장하기도 하고, 쉼표를 통해 조사를 생략하기도 하며, 동질적 어구를 반복하여 의미를 강조하기도 한다. 이러한 특징과 함께, 신현자 시인이 최근에 시도하는 시 형식의 변화도 눈길을 끈다. 서두와 말미는 자유시 형식을 갖추고, 가운데에 산문시 형식을 배치한 작품이 여러 편이다.

> 봄이면 또 이렇게 피어나리라.
>
> 누구 하나 인정하고 바라보는 이 없는데, 따듯한 바람, 새싹과 함께 들판 가득한 고운 향기, 형형색색, 탐스럽고 화려하게 무리 진 꽃, 향연의 들판, 그 안, 수줍고 작은 가여운 미소, 눈물로 핀 송이, 질투로 아프게 피운 꽃잎, 누군가의 부드러운 손길, 따스함, 갈망, 꿈으로 피어 가을을 맞고, 마침내 서러운 겨울, 인내, 혹여, 길손의 눈길이라도 닿으면 천지에 온통 가슴 벅찬 환희, 자랑, 순박한 기쁨 가득하리라.
>
> 신의 뜻일까, 소리 없는 무대 연주.
>
> — 「들꽃」 전문

이는 사설시조의 형식과도 닿아 있다. 또한 판소리에 나타나는 '창'과 '아니리'의 변화와도 상통한다. 자신의 중심 정서를 앞과 뒤에 배치하고, 중간에는 '아니리' 형식의 스토리를 배치하는 양식이다. 이는 또 현대 가요의 '보컬'과 '랩'의 조화를 보는 듯하다. 〈봄이면 또 이렇게 피어나리라〉에서 소망과 다짐을 보이고, 말미에서 〈신의 뜻일까〉 의문문으로 환기시킨 후, 봄에 소리 없이 아름답게 이루어지는 것들을 〈소리 없는 무대 연주〉라고 맺는다. 이런 형식의 작품은 여러 편이다. 「노래하듯 세월을…」에서는 서두 3행, 산문, 결미 3행으로 되어 행복한 삶을 노래한다. 「그렇게 살 수 있을까」에서는 서두 2행, 산문, 결미 2행으로 〈정스럽고 따뜻한 마음〉을 동경한다.

물론 신현자 시인은 현대 자유시의 일반적 형식과 표현법을 활용하여 시를 빚는다. 여기에 만족하지 않고, 좀더 새로운 변화를 추구하는 자세가 시에 활력을 불어넣는다. 그는 앞으로도 끊임없이 새로운 변화를 모색하며, 자신의 정서를 독자들과 효과적으로 소통하고자 노력할 것이다. 이런 기대로 첫 시집의 감상을 마친다.

당신은 누구신가요

신현자 시집

발 행 일 | 2016년 11월 11일
지 은 이 | 신현자
발 행 인 | 李憲錫
발 행 처 | 오늘의문학사
출판등록 | 제55호(1993년 6월 23일)
주 소 | 대전광역시 동구 대전로 867번길 52(한밭오피스텔 401호)
전화번호 | (042)624-2980
팩시밀리 | (042)628-2983
전자우편 | hs2980@hanmail.net
카 페 | cafe.daum.net/gljang(문학사랑 글짱들)

공 급 처 | 한국출판협동조합
주문전화 | (070)7119-1752
팩시밀리 | (031)944-8234~6

ISBN 978-89-5669-784-0
값 9,000원